WEIN

Gabe Gottes zur Freude des Menschen!

Kurt Rainer Klein

Ein Tropfen Wein
Das Besondere in unserem Leben

„Was ist das Leben ohne Wein?", fragt Jesus Sirach (31, 33). Es ist wie ein Leben ohne Freude, wie der Alltag ohne Überraschung, wie Jugend ohne Spontaneität, wie das Alter ohne Hoffnung, wie ein Fest ohne Heiterkeit. Ein Gläschen Wein – ob Sie nun Weintrinker, Weingenießer oder gar Weinkenner sind –, verstehen wir es als Bild für das Besondere unseres Lebens.

Das Besondere kann auf mancherlei Weise in allen Lebensbereichen zutage treten. Überlegen Sie: Wofür können Sie in jedem Falle dankbar sein? Worauf sind Sie ohne Einbildung stolz? Was macht Sie getrost und gibt Ihnen Gelassenheit? Worauf setzen Sie Ihre Hoffnung? Wem könnten Sie das Gedachte jetzt anvertrauen?

Seien wir ehrlich: Das Besondere brauchen wir ab und zu – wie ein Gläschen Wein!

In Kana verwandelt Jesus Wasser in Wein

Jesus ist mit seinen Jüngern auf der Hochzeit zu Kana. Als der Wein ausgeht, lässt Jesus „sechs steinerne Wasserkrüge für die Reinigung nach jüdischer Sitte" mit Wasser füllen und den Speisemeister kosten. Dieser staunt nicht schlecht: „Jedermann gibt zuerst den guten Wein und, wenn sie trunken sind, den geringeren; du aber hast den guten Wein bis jetzt zurückgehalten." (Joh. 2)

In den riesigen Krügen mit einem Fassungsvermögen von jeweils ca. 100 Litern tritt die unerschöpfliche Fülle der göttlichen Gabe zutage. Jesus, der himmlische Gesandte, ist der Geber dieser wunderbaren Gabe, die köstlicher schmeckt als alles andere zuvor. Symbolisch betrachtet werden die alten Gefäße der Frömmigkeit mit Überraschendem gefüllt:

- mit neuem Wein, der unerschöpflichen Gabe des Heils,
- mit Gemeinschaft und Freude, das Fest kann weitergehen,
- mit einem neuen Geist, wir sind überreich Beschenkte.

So verwandelt Jesus das Alte in das Neue!

Was ist Wein?
Eine Gabe Gottes!

Wein ist Poesie in Flaschen.

Robert Louis Stevenson

Ein Schluck Wein, zwischen Zunge und Gaumen bewegt, erspürt die Poesie der Natur. Wer sich dabei Zeit lässt und den guten Tropfen nicht allzu rasch hinunterschluckt, schmeckt den Reiz des Lebens. Vielleicht sticht die Erdigkeit hervor, die von einer gewissen Schwere und Nachdenklichkeit erzählt. Oder es ist der Säureanteil des Weines, der die Geschmacksrezeptoren unserer Zunge beeindruckt und auf die Herausforderungen unseres Alltags hinweist. Doch kann es auch ein lieblicher Wein sein, der mit seiner Milde oder Süße von den Abenteuern und Verführungen des Lebens so manches zu sagen weiß. Ein Glas Wein - das ist irdische Lebenslust, das ist himmlische Freude, das ist ein göttliches Geschenk.

Weinphilosophie

Ein Schluck Wein –
das ist

Gelassenheit
gegenüber
dem Ungewissen.

Achtsamkeit
für
das Unscheinbare.

Neugier
auf
das Ungewohnte.

Ein Schluck Wein –
das ist

der Genuss
des Wunderbaren.

Der neue Wein

Die Jünger des Johannes fasten. Warum nicht auch Jesu Jünger? Immer wenn eine Tradition, ein Brauch, eine Gepflogenheit gebrochen wird, erregt das Erstaunen. „Wie können Hochzeitsgäste fasten, wenn der Bräutigam bei ihnen ist?", fragt Jesus und deutet so sein Mit-ihnen-Sein als eine außergewöhnliche Zeit, die das Kommende vorwegnimmt und ein hinreichender Grund zur Freude ist.

„Und niemand füllt neuen Wein in alte Schläuche; sonst zerreißt der Wein die Schläuche, und der Wein ist verloren und die Schläuche auch; sondern man füllt neuen Wein in neue Schläuche." (Markus 2, 22)

Die Botschaft Jesu ist wie neuer, gärender Wein mit einer unbändigen Kraft. Das Gären ist ein Verwandlungsprozess: Indem wir unseren Mitmenschen siebzigmal siebenmal vergeben. Indem wir nicht nur unsere Freunde, sondern auch unsere Feinde lieben. Indem wir andere aufnehmen, die fremd sind. Indem wir unseren Mitmenschen das tun, was wir uns selbst von ihnen in ihrem Tun wünschen.
Das ist der neue, gärende Wein, den Jesus uns mit seinen Worten einschenkt. Dieser Wein hat die Kraft zur Veränderung und Erneuerung.

Die Mühe des Winzers

Ein Winzer lädt einen Kunden zu einer kleinen Weinverkostung ein. Der Gast kostet das erste Glas, das ihm vorgesetzt wird und verzieht den Mund. „Der ist aber sauer, der ist ja kaum zu trinken." – „Ich weiß", sagt der Winzer, „der Wein ist naturbelassen, so wie ihn eben der Herrgott hat wachsen lassen." Er reicht dem Gast das zweite Glas. Der nimmt einen Schluck und sagt entzückt: „Das ist ein Wein – einfach großartig!"

Da strahlt der Winzer über das ganze Gesicht und sagt: „Sehen Sie, das ist mein Eigenbau."

Der Wein erfreue des Menschen Herz.

(Psalm 104,15)

Was wäre das Leben ohne Freude! Es wäre wie ein Sehen ohne Farbe, wie ein Garten ohne Blumen, wie ein Fest ohne Wein. Die Freude ermuntert und bestärkt. Sie weckt die Lebendigkeit in uns. Sie lässt uns dem Leben seine schönen Seiten abgewinnen. Wie in einem Glas Wein das Licht der Sonne und die Kraft des Bodens eingefangen sind, so ist in der Freude die Leichtigkeit, die uns Flügel verleiht und die Motivation, die uns stetig vorantreibt. An was erfreuen wir uns: An dem Spiel der Kinder, die sich völlig in ihr Spiel hineinvertiefen können und alles andere um sich herum vergessen! An der Musik, die unsere Seele zum Schwingen bringt und neue Töne in uns weckt! An dem Leben mit all seinen Facetten und Möglichkeiten, die wir nur erkennen und ergreifen müssen! Wohl dem, der sich freuen kann über Scheinbares und Unscheinbares, über Wahrhaftiges und Wirkliches, über Erreichtes und Gelungenes.

Weingeschichten

Noah hat als Erster Reben angepflanzt, Trauben geerntet und Wein getrunken. (Genesis 9)

Lots Töchter haben ihren Vater mit Wein berauscht, damit sie von ihm schwanger würden und nicht kinderlos bleiben mussten. (Genesis 19)

Nach einer berauschenden Wein-Nacht bringt die Zweisamkeit der frommen Judith und des assyrischen Feldherrn Holofernes Letzterem den Tod. (Judith 12 + 13)

Der oberste Mundschenk des Pharaos erzählt Josef seinen Traum: „Mir hat geträumt, dass ein Weinstock vor mir wäre, der hatte drei Reben, und er grünte, wuchs und blühte, und seine Trauben wurden reif." Josef deutet, dass der Mundschenk wieder in sein Amt eingesetzt wird. (Genesis 40)

Liebessehnsucht

Was kann ein Verliebter zu seiner Geliebten Schöneres sagen als: „Ja, deine Liebe ist lieblicher als Wein." (Hohelied 1,2/4, 10) Die Gute Nachricht übersetzt 4,10: „Ich bin von deiner Liebe berauschter als von Wein." Und sie antwortet ihm: „Ich preise deine Liebe mehr als den Wein." (1, 4)

Die Leidenschaft der Liebe ist unwiderstehlich. Die Anziehungskraft eines Menschen, in den wir uns verliebt haben, ist groß. Wir sind wie von Sinnen. In unserem Bauch kribbelt es. Unser Verstand steht kopf. So heißt es: Liebe macht blind. Der Rausch der Sinne findet seine Entsprechung in der Berauschung durch den Wein. Denken wir auch an den Rebensaft im Übergang vom Most zum Wein, den man in diesem gärenden Stadium Rauscher, Bitzler, Bremser nennt. Seine Süße lässt diesen werdenden Wein verführerisch unsere Kehle befeuchten. Leicht unterschätzt man seine berauschende Wirkung. So süß wirkt das andere Geschlecht auf uns, dass die Leidenschaft in uns entflammt und unsere Sinne betört, ehe wir es recht bemerken. Junge Liebe ist besonders stürmisch. Doch für jedes Alter mag die Wahrheit gelten: Liebe ist ein tolles Gefühl.

Liebe ist wie Wein

Liebe ist:

Anziehend und verlockend
wie Trauben,
deren Schönheit
leidenschaftlich
die Augen
anzieht.

Süß und köstlich
wie Most,
dessen Geschmack
lieblich
den Gaumen
verwöhnt.

Unbändig und stürmisch
wie gärender Wein,
dessen Kraft
kribbelnd
die Sinne
betäubt.

Zur Gesundheit

Der Wein, zu rechter Zeit und in rechtem Maße getrunken, erfreut Herz und Seele. (Jesus Sirach 31, 28)

Wer Kummer hat, dem kann auch das Vergessen einmal nützlich sein: „Gebt ... Wein den betrübten Seelen, dass sie trinken und ihres Elends vergessen und ihres Unglücks nicht mehr gedenken. (Sprüche 31, 6f)

Wein befeuchtet und temperiert den Geist und wiegt die Sorgen des Gemüts in Schlaf. Er belebt unsere Freuden und ist Öl auf die sterbende Flamme des Lebens. Wenn wir mäßig und in kleinen Zügen trinken, dann geht der Wein in unsere Lungen über wie süßester Morgentau. Dann begeht der Wein keinen Raub an unserer Vernunft, sondern lädt uns ein zu freundlicher Heiterkeit.
(Sokrates, 469 – 399 v. Chr., griechischer Philosoph)

Der Rat des Doktors

Ein Mann, der schon seit Längerem an Magen- und Bauchbeschwerden litt, ging eines Tages zu einem bekannten Internisten. Der untersuchte ihn gründlich und trug ihm schließlich auf, er möge täglich einen Teller voll Haferschleimsuppe essen und dazu ein Achtel Rotwein trinken. Nach einigen Wochen traf der Arzt zufällig seinen Patienten und fragte ihn, wie es ihm ginge und ob er seinen ärztlichen Anweisungen auch nachkomme.

„Alles klar, Herr Doktor. Ich habe mich strikt an Ihre Anordnungen gehalten. Nur bin ich mit der Haferschleimsuppe drei Wochen im Rückstand und mit dem Rotwein bereits acht Wochen im Voraus."

Jesus Sirach 31, 27 - 31
(neue Zählweise)

Der Wein erquickt die Menschen, wenn man ihn mäßig trinkt. Was ist das Leben ohne Wein? Denn er ist von Anbeginn zur Freude geschaffen. Der Wein, zu rechter Zeit und in rechtem Maße getrunken, erfreut Herz und Seele. Zu viel Wein bei Ärger und Streit macht die Seele bitter. Trunkenheit macht einen Narren ganz maßlos, bis er hinfällt und sich verletzt.

Beschäme deinen Nächsten nicht beim Wein und verspotte ihn nicht, wenn er lustig wird! Beschimpfe und dränge ihn nicht, wenn er dir etwas zurückzahlen muss!

Gebet

Herr,
schenke mir
reinen Wein
ein,

der mir
einen klaren Blick
gibt
für die Dinge,
die notwendig
sind –

der mir
einen neuen Gedanken
gibt
für die Probleme,
die unlösbar
erscheinen –

der mir
ein gutes Gefühl
gibt
für die Anforderungen,
die neu
auf mich
zukommen.

Die Kunst des Genießens

Es gibt Vieles, was wir gerne genießen und was uns gut tut. Schon im Paradies hat Gott dem Menschen die Freiheit des Genießens zugestanden. Aber er hat auch eine Grenze gesetzt zum Wohl des Menschen. Überschreiten wir diese, wird aus dem Genießen die Gier, aus Genuss die Sucht, aus der Freiheit die Abhängigkeit. Wir können dann den Boden unter den Füßen verlieren, torkeln, hinfallen und haben Mühe, wieder aufzustehen.

Genießen ist eine wundervolle Sache. Genießen weiß um das einzuhaltende Maß. Genießen schenkt uns Glücksgefühle, wo wir die Begrenzung des Genusses vor Augen haben. Gerade in dieser Begrenztheit liegt die Freiheit. Bewegen wir uns darin, empfinden wir Glück und Zufriedenheit, wird uns die Kostbarkeit des Lebens bewusst, werden wir dankbar für das, was uns geschenkt ist.

Der Genuss des Lebens findet eher in der Beschränkung auf ein Glas Wein seinen Ausdruck, das man mit Verstand trinkt, als in der Frage, wie viel man denn nun wirklich verträgt.

Maßlosigkeit führt ins Verderben

„... Wein und Most rauben den Verstand." (Hosea 4, 11)

„Wein trinke nicht bis zur Trunkenheit, und Trunkenheit begleite dich nicht auf deinem Wege." (Tobit 4, 15b)

„Sei kein Held beim Wein, denn schon viele hat er ins Verderben gestürzt." (Jesus Sirach 31, 25)

Getrübte Wahrnehmung: Ein Pfarrer und sein Küster waren bei einem Winzer eingeladen und haben den ganzen Abend fleißig dem Wein zugesprochen. Beim Nachhausegehen torkeln beide recht anständig und fallen schließlich in den Straßengraben.
Fragt der Küster mit lallender Stimme: „Herr Pfarrer, glauben Sie eigentlich an die Auferstehung?" Pfarrer: „In den nächsten paar Stunden sicher nicht."

Mord im Weinberg

Im Gleichnis von den bösen Weingärtnern (Markus 12) knüpft Jesus an das Weinbergslied aus Jesaja 5,1f an: „Mein Freund hatte einen Weinberg auf einer fetten Höhe. Und er grub ihn um und entsteinte ihn und pflanzte darin edle Reben. Er baute auch einen Turm darin und grub eine Kelter und wartete darauf, dass er gute Trauben brächte; aber er brachte schlechte." Hier wird im Weinberg des Herrn, in Israel, aus Rechtsspruch Rechtsbruch und aus Gerechtigkeit Schlechtigkeit.

Jesus erzählt, dass die Pächter des Weinbergs die Knechte des Weinbergbesitzers, die den Pachtanteil an Früchten abholen wollen, schlagen, mit leeren Händen davonschicken oder töten. Den dritten Gesandten, den Sohn der Besitzers und Erben, töten sie respektlos und werfen ihn aus dem Weinberg hinaus.

Berufsspezifisches Trinken

Der Pastor hört die Engel im Himmel singen.
Der Scharfrichter hat einen schweren Kopf.
Der Goldgräber hat einen Rausch.
Der Soldat hat eine Fahne.
Der Bergmann ist bezecht.
Der Wetterprophet ist angeheitert.
Der Gärtner hat sich begossen.
Der Feuerwehrmann hat einen Brand.
Der Gefängniswärter hat einen sitzen.
Der Matrose ist blau.
Der Zoologe hat einen Affen.
Der Bauer hat schief geladen.
Der Optiker sieht doppelt.
Der Astronom ist sternhagelvoll.
Der Taucher hat zu tief ins Glas geguckt.

Gute Ratschläge

So geh hin und iss dein Brot mit Freuden, trink deinen Wein mit gutem Mut; denn dein Tun hat Gott schon längst gefallen.
(Prediger 9, 7)

Gib einen alten Freund nicht auf; denn kein neuer kommt ihm gleich. Ein neuer Freund ist wie neuer Wein; lass ihn erst alt werden, so wird er dir gut schmecken.
(Jesus Sirach 9, 10)

Und sauft euch nicht voll Wein, woraus ein unordentliches Wesen folgt, sondern lasst euch vom Geist erfüllen.
(Epheser 5, 18)

Trinke nicht mehr nur Wasser, sondern nimm ein wenig Wein dazu um des Magens willen und weil du oft krank bist.
(1. Timotheus 5, 23)

Geistlicher Humor

Ein Pfarrer steht auf der Kanzel und hält eine flammende Rede gegen den Alkoholismus im Allgemeinen und gegen den Wein im Besonderen. „Seht", sagt er, „ich habe hier zwei Gläser vor mir stehen. In dem einen ist reines Brunnenwasser und in dem anderen Wein. Ich gebe jetzt in jedes Glas einen Regenwurm. Seht, was geschieht. Der Wurm im Wasserglas ringelt sich fröhlich hin und her. Und der im Glas mit Wein, der stirbt. So wird es jedem ergehen, der zuviel Wein trinkt."

Am späten Vormittag denkt er sich: Ich gehe jetzt in die beiden Gasthäuser und schaue nach, ob meine Predigt bei der Gemeinde entsprechend gewirkt hat. Das erste Gasthaus ist gerammelt voll, und alle sind mehr oder weniger betrunken. Das gleiche Bild im zweiten Gasthaus. Alles ist betrunken. Fragt der Pfarrer einen Mann, ob man sich seine Predigt im Gottesdienst mit dem so anschaulichen Beispiel der beiden Regenwürmer nicht zu Herzen genommen hätte.

„O doch, Herr Pfarrer, sehr sogar. Wir haben nämlich alle Bandwürmer und machen auf ihren Rat hin eine Weinkur."

Abendmahl

Immer wieder ist in den Evangelien die Rede vom Mahl. Jesus isst und trinkt mit Zöllnern und Sündern, heißt es abfällig. Bei Zachäus lädt sich Jesus selbst ein. Das Bild vom Hochzeitsmahl dient als Vorgriff auf das Freudenmahl im Reich Gottes. In Kana verwandelt Jesus Wasser in Wein. Und nach seinem Tod wird er im Mahl den Jüngern am See (Joh. 21) und den Emmausjüngern im Haus gegenwärtig (Luk. 24).

Am Abend vor seinem gewaltsamen Tod feiert Jesus sein letztes Mahl mit seinen Anhängern und sicherlich auch Anhängerinnen. Wein spielt dabei eine wichtige Rolle. Mit dem Schluck Wein aus dem Kelch wird das Mahl begonnen und auch geendet haben. Darin eingeschlossen widmete man sich der Sättigung und es war Raum zum gedanklichen Austausch. In Brot und Wein deutet Jesus sein Leben.

Das Reich Gottes

Jesus sagt am Ende des letzten gemeinsamen Mahls mit seinen Jüngern: „Wahrlich, ich sage euch, dass ich nicht mehr trinken werde vom Gewächs des Weinstocks bis an den Tag, an dem ich aufs Neue davon trinke im Reich Gottes." (Markus 14, 25)

So schlägt der Wein als Element der Freude und Gemeinschaft die Brücke vom Diesseits ins Jenseits und verbindet das Alte mit dem Neuen, das Gewesene mit dem Kommenden.

Aus den Evangelien wissen wir, dass Jesus oft und gerne mit Menschen zu Tisch gesessen hat. Im gemeinsamen Mahl bringt er den Menschen Gottes Nähe und nimmt das Reich Gottes vorweg.

So hat man gespottet: „Der Menschensohn ist gekommen, isst und trinkt; und ihr sagt: Siehe, dieser Mensch ist ein Fresser und Weinsäufer, ein Freund der Zöllner und Sünder!" (Lukas 7, 34)

Der wahre Weinstock

Gegen allen heutigen Wahn der Selbstoptimierung und Leistungsmaximierung spricht Jesus im Bild des Weinstocks von dem, was uns geschenkt wird:

„Ich bin der Weinstock, ihr seid die Reben. Wer in mir bleibt und ich in ihm, der bringt viel Frucht; denn ohne mich könnt ihr nichts tun." (Johannes 15,5)

Bleiben wir mit Jesus organisch verbunden, dann bekommen wir von ihm die Kraft und den Geist, in unserem Leben gute Früchte hervorzubringen. Würden wir nur aus uns herausleben, wir wären schnell überfordert und würden bald verdorren und absterben wie eine abgebrochene Rebe. Doch wir leben von dem, was uns geschenkt wird: Von Liebe, die wir täglich erfahren. Von Vertrauen, das uns entgegengebracht wird. Von Mut, der uns zugesprochen wird. Von Vergebung, die unsere Verkrampfung löst.

Gerechtigkeit im Weinberg

Ich weiß, was es heißt, im Weinberg zu arbeiten. Seit Kindertagen habe ich in der Weinlese geholfen. Die Arbeit war anstrengend, der Lohn spärlich.

In Matthäus 20 sagt Jesus: „Denn das Himmelreich gleicht einem Hausherrn, der früh am Morgen ausging, um Arbeiter anzuwerben für seinen Weinberg. Und als er mit den Arbeitern einig wurde über einen Silbergroschen als Tagelohn, sandte er sie in seinen Weinberg."

Auch zur dritten, sechsten, neunten und elften Stunde findet er Arbeiter für seinen Weinberg, denen er alle den gleichen Lohn zahlt.

Es ist die Güte des Weinbergbesitzers, dem Letzten so viel zu geben wie dem Ersten. Es ist die Gerechtigkeit des Himmels jedem Arbeiter zu geben, was er braucht.

Ein Glas Wein

Ein Glas Wein am Abend nach getaner Arbeit, am Geburtstag, einem Fest oder zu einem besonderen Anlass bringt das Wunderbare unseres Lebens zum Ausdruck.
Darin kommt zur Sprache: gute Laune, fantasievolle Gedanken, herzliche Liebe, mutige Unternehmungen, dankbare Bewahrungen, interessante Begegnungen, verlockende Abenteuer, genüssliche Stunden, humorvolles Vertrauen, wundervolle Momente, zufriedene Ausblicke. Ich wünsche Ihnen vieler dieser Aromen in Ihrem Glase Wein. Stoßen Sie mit anderen an, teilen Sie das Wunderbare Ihres Lebens und genießen Sie das Ihnen Geschenkte!

Impressum

WEIN – Gabe Gottes zur Freude des Menschen
Texte und Fotos: Kurt Rainer Klein

ISBN: 978-3-86392-066-1 | Best.-Nr. 586

© Neues Buch Verlag, Nidderau 2017
www.neuesbuch.de